AF359981

DÉCRET

DISCIPLINAIRE ET PÉNAL

POUR LA

MARINE MARCHANDE.

DÉCRET

DISCIPLINAIRE ET PÉNAL

POUR LA

MARINE MARCHANDE

PRÉCÉDÉ

DU RAPPORT DU MINISTRE DE LA MARINE

au Prince-Président de la République,

SUIVI

D'UN EXTRAIT DU DÉCRET SUR LE SERVICE

A bord des Bâtiments de l'Etat.

HAVRE

Chez **A. DELAPORTE**, successeur de C.-B. MATENAS,

Entrepositaire des Cartes de Marine Françaises et Anglaises,

RUE DE LA CRIQUE, Nº 6.

—

1852.

RAPPORT

AU

Prince-Président de la République.

Paris, le 24 mars 1852.

Monseigneur,

Parmi les causes qui entravent le développement de notre marine marchande, base essentielle de la puissance navale du pays, l'indiscipline des équipages n'est pas la moins sérieuse.

Les rapports des capitaines constatent journellement leur impuissance à réprimer les excès des marins placés sous leurs ordres ; les plaintes des armateurs contre un esprit de révolte si préjudiciable au succès de leurs entreprises se multiplient de plus en plus ; enfin les doléances unanimes des chambres de commerce de nos ports prouvent combien il est urgent de remédier à un mal trop ancien déjà, qui, en frappant la fortune commerciale, atteint, par contre-coup, la fortune publique et menace, dans son principe vital, la force maritime de l'Etat.

La loi est la base de l'autorité du chef et de l'obéissance du subordonné ; elle est la source naturelle de l'ordre dans

1

toute réunion d'hommes. Ce principe, d'une vérité générale, s'applique particulièrement à la grande famille de
marins.

La vie de l'homme de mer est une vie d'exception. Ren-
fermé entre les étroites murailles du navire qui le transport
d'un point à l'autre du globe à travers les solitudes d
l'Océan, au milieu de dangers de tous genres, le marin n
peut sortir victorieux de cette lutte incessante, s'il n'o-
béit aveuglément aux ordres du capitaine. L'ascendant mora
ne suffit pas toujours pour obtenir cette obéisssance si nécessaire ; il faut que la loi assure au chef des moyens d
répression en rapport avec les impérieuses exigences de s
situation difficile.

Il n'est pas de nation maritime qui n'ait compris cette nécessité et qui ne s'y soit soumise. A toutes les époques et che
tous les peuples, les lois maritimes ont eu, pour base com
mune, des juridictions spéciales, des pénalités exception
nelles.

Aussi longtemps que la France est restée dans cette voie
la discipline strictement maintenue parmi les équipages de
navires du commerce a prévenu les déplorables excès don
ces navires sont, aujourd'hui, si fréquemment le théâtre.

L'ordonnance de la marine du mois d'août 1681 avai
réglé l'action des juges d'amirauté dont la compétence s'é-
tendait à « tous crimes et délits commis sur la mer, les ports
» hâvres et rivages (1). »

Cette juridiction spéciale atteignait immédiatement, et
par conséquent, d'une manière efficace, les gens de mer
employés dans la marine marchande.

La même ordonnance a, en outre, investi les capitaine
de navires d'un droit de juridiction disciplinaire envers le
hommes de leur équipage et les a autorisés « à faire donne
» la cale, mettre à la boucle, et punir d'autres semblable
» peines, pendant le cours du voyage, les matelots mutins.

---

(1) Art. 10. — Ils connaîtront pareillement des pirateries et des pillages e
désertions des équipages et généralement de tous crimes et délits commis su
la mer, les ports, hâvres et rivages.

»ivrognes, désobéissants, et ceux qui maltraitent leurs ca-
»marades... (1). »

Le 7 septembre 1790, l'Assemblée constituante enleva
aux juges d'amirauté la connaissance du contentieux administratif, et, le 13 août 1791, supprimant ces juges spéciaux,
elle répartit leurs diverses attributions entre les tribunaux
de commerce, les juges de paix et les tribunaux ordinaires.
La loi du 22 août 1790, concernant l'armée navale, régla
la discipline et la pénalité particulières aux bâtiments de la
flotte ; mais n'y assujettit point les équipages des navires
marchands.

Toutefois, l'article 61 de cette loi ne s'appliquant qu'à la
marine militaire et ne s'étendant point aux autres lois maritimes, les Cours de la République ont maintenu, en ce qui
concerne les marins du commerce, le droit de correction
disciplinaire inscrit à l'article 22 précité de l'ordonnance
de 1681.

Un décret impérial du 22 juillet 1806, abrogeant le titre
Ier de la loi du 22 août 1790, créa des conseils de justice
et des conseils de guerre pour la flotte. Le 12 novembre
1806, un autre décret fit pour les arsenaux ce que celui du
22 juillet de la même année avait fait pour l'armée navale ;
mais tous les deux s'abstinrent de prescrire aucune disposition relative à la marine marchande.

Le décret du 15 août 1851, qui a remplacé l'ordonnance
du 31 octobre 1827, sur le service à bord des bâtiments de
l'État, enjoint, il est vrai, aux commandants de ces bâtiments de veiller au maintien de l'ordre et de la discipline
à bord des navires du commerce ; mais c'est là un simple
droit de surveillance et non un droit de juridiction.

En résumé, avant 1790, la législation de la France, concernant la marine marchande, était complète et très efficace ; elle procurait à une classe d'hommes voués à l'exis-
tence la plus exceptionnelle, ayant des mœurs, des habi-
tudes toutes spéciales, des juges compétents pour apprécier

---

(1) Art. 22. — Pourront, par l'avis des pilote et contre-maître, faire donner
la cale, mettre à la boucle et punir d'autres semblables peines les matelots
ivrognes et désobéissants, et ceux qui maltraiteront leurs camarades, ou com-
mettront d'autres semblables fautes et délits dans le cours de leur voyage.

leurs actes en pleine connaissance de cause. L'Assemblée constituante, en supprimant, le 13 août 1791, cette précieuse juridiction pour faire rentrer les gens de mer dans le droit commun, a porté un coup fatal à la discipline, sans laquelle toute marine est impossible.

Les capitaines de navires du commerce n'ont plus d'action sur leurs équipages ; ils ne peuvent user du droit correctionnel que leur réserve l'ordonnance de 1681, parce que les pénalités qui le sanctionnent sont ou trop rigoureuses pour l'époque actuelle ou inexécutables à bord de navires montés par un petit nombre d'hommes, et que, d'ailleurs, ce droit est limité à quelques fautes et délits commis pendant le cours du voyage. Dans les ports de France, ainsi que dans les ports étrangers, il y a absence totale des moyens de répression ; car depuis l'arrêt de cassation du 13 décembre 1828, le pouvoir des commissaires de l'inscription maritime est borné à la punition des fautes relatives au service de l'État et à la police des classes, et ne s'étend plus aux manquemens qui intéressent la marine marchande.

Et pourtant, à bord d'un navire de commerce, comme sur un bâtiment de l'État, la vie de l'équipage et des passagers dépend de l'ensemble et de la précision des manœuvres, de l'obéissance ponctuelle aux ordres donnés, de la soumission absolue envers celui qui commande, et la vindicte publique ne doit pas laisser impunis des actes qui compromettent la fortune et la vie des citoyens.

En mer, les moindres fautes sont graves par les funestes conséquences qu'elles peuvent entraîner. Si ces fautes ne sont pas réprimées sur-le-champ, la punition est illusoire ; elle équivaut à l'impunité, qui devient un encouragement pour l'insubordination. De là résulte l'inefficacité de poursuites judiciaires tardives devant les tribunaux ordinaires pour des faits qui, le plus souvent, se passent à des distances lointaines, dans des parages étrangers et presque toujours sans que l'on puisse produire des témoins au retour, pour des faits, d'ailleurs qui ne sont point prévus par le Code pénal ordinaire et que les capitaines préfèrent laisser impunis plutôt que d'entamer une affaire dont la lenteur est incompatible avec leur mission commerciale.

En présence de ce désastreux état de choses, votre Gouvernement, Monseigneur, ne peut demeurer spectateur indifférent. Il lui appartient de rajeunir une législation réduite à l'impuissance, de combler les lacunes nombreuses qu'elle présente, de répondre aux vœux du commerce maritime qui a si longtemps attendu déjà et qui compte principalement sur votre haut esprit de justice pour obtenir un remède aux maux dont il souffre.

L'un de mes prédecesseurs, M. l'amiral Duperré, pénétré, comme je le suis moi-même, de l'urgente nécessité d'une réforme dans les lois applicables à la marine marchande, fit élaborer, en 1834 et en 1836, deux projets d'un Code disciplinaire et pénal qui, malheureusement, n'obtinrent pas l'adhésion du Conseil-d'Etat. En 1850, le ministre de la marine confia la même tâche à une commission dont l'œuvre, après avoir été communiquée aux chambres de commerce de nos principaux ports, a servi de base au décret que j'ai l'honneur de soumettre à votre sanction, et qui résume le fruit de vingt années d'étude.

Pour concilier autant que possible les exigences du droit commun avec les nécessités auxquelles il fallait impérieusement pourvoir, ce décret a laissé à la justice ordinaire son action dans un grand nombre de cas, et, notamment, dans ceux qui sont de nature à entraîner l'application des peines afflictives ou infamantes. Il ne s'est écarté de cette règle générale que pour la répression des actes purement maritimes rangés dans la catégorie des fautes ou délits contre la discipline.

La plupart de ces actes ne sont, en effet, ni des contraventions, ni des délits ordinaires ; il faut, pour les définir, avoir recours à un langage inusité dans la loi commune qui ne les a pas prévus, qui ne pouvait pas les prévoir, parce que ce ne sont, en réalité, que des faits maritimes échappant naturellement à la connaissance des tribunaux correctionnels pour tomber dans le domaine d'un pouvoir disciplinaire exercé par des hommes parfaitement aptes à en apprécier la nature et l'importance. Les tribunaux maritimes commerciaux institués par le décret dont il s'agit présenteront, sous ce rapport, toutes les garanties désirables. Quant à la sanction pénale des dispositions réglementaires que contient cet acte, elle est empruntée tout à la fois au Code et à celles des dispositions de nos lois maritimes restées en harmonie avec les mœurs du siècle, et conformes aux justes exigences de l'humanité.

Les faits à réprimer constituent des fautes de discipline, des délits maritimes ou des crimes. Tout ce qui compromet l'ordre du service et la sûreté du navire n'est pas, on le répète, du domaine de la justice ; tout délit commun non prévu par le décret appartient aux tribunaux ordinaires : la connaissance des crimes est, sans exception, laissée au jury

Ainsi, le décret ne soumet à une juridiction spéciale que les faits purement maritimes contre lesquels les tribunaux ordinaires sont impuissants.

Les dispositions préliminaires renferment quelques règles générales relatives à la classification des infractions prévues et aux diverses catégories de personnes assujetties à la police du bord.

Les infractions sont classées suivant les pénalités qu'elles entraînent, à l'instar du système adopté dans le Code pénal de 1810.

Les personnes inscrites sur le rôle d'équipage et employées à bord à quelque titre que ce soit, les marins naufragés, déserteurs ou délaissés que l'on rapatrie, les passagers mêmes, sont soumis aux règles d'ordre et de discipline du bord.

Ces dispositions se justifient seules. Tant que dure le voyage, le pouvoir du capitaine doit être scrupuleusement respecté. Les passagers ne sauraient être affranchis de cette obligation essentielle ; mais il a été apporté à leur égard d'équitables tempéramens dans la nature ainsi que dans le mode d'application des peines.

En ce qui touche quelques-unes des matières restées dans le domaine des tribunaux ordinaires, il a paru opportun, soit de déterminer une pénalité sanctionnant certains cas prévus par le Code de commerce, et qui, jusqu'à ce jour, ont échappé à la justice, soit d'adoucir des peines déjà portées contre plusieurs actes de baraterie, par la loi du 10 avril 1825, dont la sévérité n'a que trop souvent engendré des acquittements regrettables.

Après ce rapide exposé des considérations générales destinées à faire saisir dans son ensemble l'économie du décret, il me reste, Monseigneur, à appeler votre attention sur les plus importantes des prescriptions de détail qu'il renferme.

Outre les dispositions préliminaires, il est divisé en quatre titres, savoir :

1. De la juridiction.
2. De la forme de procéder.
3. De la pénalité.
4. Dispositions diverses.

Le premier titre se décompose en quatre chapitres :

Le chapitre premier règle l'ordre des juridictions pour l'exercice du pouvoir disciplinaire.

Dans les ports, sur les rades de France et dans les ports des colonies françaises, ce pouvoir appartient au commissaire de l'inscription maritime.

Sur les rades des colonies françaises, ainsi que dans les ports et rades des pays étrangers, le droit de discipline appartient au commandant supérieur du bâtiment de l'Etat présent sur les lieux, ou, en son absence, soit au commissaire de l'inscription maritime, soit au consul de France.

En mer et dans les localités où il ne se trouve aucune de ces autorités, le même droit incombe naturellement aux capitaines de navires, qui sont tenus, toutefois, de rendre compte, à la première occasion, des peines de discipline par eux prononcées.

Ils sont dispensés, néanmoins, de cette obligation en ce qui concerne les trois pénalités légères prévues par l'article 53, qu'ils ont la faculté d'appliquer en quelque lieu qu'ils se trouvent.

Cette reconstitution du pouvoir disciplinaire est l'une des mesures les plus utiles du décret, et sera suivie des meilleurs résultats.

Le chapitre II institue le tribunal maritime commercial et renvoie devant cette juridiction toute personne prévenue d'un délit maritime.

La nécessité de cette création ressort suffisamment des

considérations générales qui précèdent, et je crois superflu d'insister à cet égard.

Le chapitre III détermine l'organisation du tribunal maritime commercial qui doit toujours être composé de cinq membres. Il est présidé, suivant le lieu où il siège, par un commissaire de l'inscription maritime, le commandant d'un bâtiment de l'État ou un consul de France. En aucun cas, la présidence ne peut être confiée à un vice-consul ni à un agent consulaire.

Le tribunal compte toujours un maître d'équipage parmi ses membres, à moins qu'il ne se trouve pas sur les lieux d'autre navire du commerce que celui où le prévenu est embarqué.

Bien que le tribunal ne puisse être permanent, la composition n'en est pas laissée à l'arbitraire : le grade, l'ancienneté ou l'âge régleront, en effet, le choix des personnes appelées à en faire partie.

Les mesures protectrices des intérêts de l'inculpé ne se bornent pas là.

Le capitaine qui a porté plainte et la personne offensée et lésée ou plaignante, ne peuvent siéger dans le tribunal.

Quant aux autres causes d'incompatibilité et de récusation énoncées aux articles 20 et 21, elles sont empruntées au Code de procédure civile.

Le chapitre IV dispose que les crimes prévus ou non par le décret restent dans le domaine des tribunaux ordinaires.

Le titre II se subdivise en trois chapitres qui déterminent les mesures de précaution à prendre pour assurer la constatation des faits et la marche des diverses juridictions appelées à statuer.

S'il s'agit d'un fait de discipline, le capitaine le constate, ainsi que la décision qu'il a rendue.

S'il s'agit d'un délit de la compétence du tribunal maritime commercial, le capitaine le constate également, en dresse procès-verbal, entend les témoins, porte plainte à l'autorité appelée à présider ce tribunal.

Lorsque les faits sont de la compétence des tribunaux correctionnels ou des cours d'assises, le capitaine les constate encore et accomplit les premiers actes de l'instruction.

Les décisions rendues en matière de fautes de discipline sont sans appel, et les jugemens des tribunaux maritimes commerciaux en matière de délits, également sans appel, ne peuvent motiver un pourvoi en cassation.

Dans le premier cas, il s'agit d'une pénalité légère qui atteint instantanément le coupable.

Dans le second cas, les éléments nécessaires pour former un tribunal de révision feraient presque toujours défaut. On ne peut, d'une autre part, accorder dans l'espèce le droit de pourvoi qui entraîne la suspension de l'exécution, sans perdre le salutaire exemple d'une punition immédiate. Cette disposition essentielle pour le maintien de la discipline est une des nécessités qui dominent la législation maritime.

Toutefois, le ministre de la marine pourra, dans les cas prévus par l'article 441 du Code d'instruction criminelle, transmettre au ministre de la justice, pour être déférés à la cour de cassation dans l'intérêt de la loi, les jugemens qui violeraient les dispositions du décret relatives à la composition du tribunal, à la publicité des séances, à la prestation de serment, à la défense et à la rédaction des procès-verbaux. Les tribunaux maritimes auront ainsi un régulateur et leurs actes n'échapperont pas à tout contrôle.

Les peines prononcées contre les capitaines en cours de voyage ne pourront être subies par eux qu'à leur retour en France. Cette exception est indispensable pour sauvegarder les intérêts considérables confiés aux navigateurs qui commandent les navires du commerce.

Le titre III, traitant de la pénalité, se subdivise en deux chapitres. Le chapitre 1er détermine les peines applicables aux fautes de discipline, aux délits maritimes et aux crimes.

C'est dans l'ordonnance de 1681, dans la loi du 22 août 1790 et dans un décret du 16 nivôse an II qu'on a surtout puisé les pénalités en matière de fautes de discipline et de délit. Les peines pour les crimes ont été empruntées, sauf quelques modifications reconnues nécessaires, au Code pénal de 1810 et à la loi du 18 avril 1815.

Les peines disciplinaires varient suivant qu'elles frappent les matelots, les officiers du bord ou les passagers. Les positions différentes de ces trois catégories de personnes ne permettent pas de leur appliquer des pénalités communes. Certaines punitions très convenables pour les matelots auraient l'inconvénient grave de porter atteinte à la dignité de l'officier et seraient trop sévères pour les passagers. D'autres châtiments efficaces envers les passagers et les officiers sont inapplicables aux matelots. De là des distinctions dans les pénalités que nécessite la nature même des choses.

Ce n'est pas sans regrets que l'on a dû comprendre au nombre des peines l'embarquement sur un navire de l'Etat pour une campagne plus ou moins longue ; mais l'expérience prouve que le service de la flotte, qui devrait être pour les marins un objet d'ambition, inspire encore au plus grand nombre une appréhension très vive. Quoi qu'il en soit, la pénalité résidera surtout dans les réductions de solde infligées aux gens de mer levés disciplinairement. Il est naturel, d'ailleurs, d'assujettir à des règles de stricte obéissance celui qui a manqué à ses devoirs et de lui donner ainsi pour l'avenir l'habitude de s'y conformer.

L'interdiction ou la suspension de la faculté de commander est l'une des peines les plus efficaces qui puissent frapper les capitaines des navires du commerce ; elle devait, à ce titre, figurer dans le décret qui, s'il protége ces navigateurs contre l'esprit d'indiscipline de leurs équipages, n'a pas entendu assurer l'impunité à leurs propres délits.

Le chapitre II traite des infractions. La première section de ce chapitre énumère les fautes de discipline et comprend les déviations auxquelles le marin est le plus enclin.

La récidive communique à ces fautes un caractère assez grave pour les faire classer au nombre des délits énoncés à la deuxième section du même chapitre. La nécessité reconnue d'assurer le maintien de la discipline et de l'obéissance parmi les équipages des navires de commerce a dicté la définition des actes punissables de peines correctionnelles ; il serait trop long d'en reproduire ici la nomenclature et je me bornerai à mentionner ceux qui méritent une attention particulière.

Le Code pénal (art. 376 et 471) punit l'injure simple

d'une amende de 1 à 5 francs. Dans la vie ordinaire, à terre, cette pénalité peut suffire ; mais il n'en est pas de même à bord d'un navire où l'injure adressée par un matelot à son capitaine ou à un officier emprunte à la situation une incontestable gravité. Ce délit, très fréquent aujourd'hui, appelle impérieusement une répression énergique.

Il en est ainsi de la menace verbale contre laquelle la loi commune ne porte aucune punition ; les marins abusent de cette lacune pour braver leurs capitaines.

L'article 61 du décret permettra de remédier à ces abus.

L'article 309 du Code pénal prononce la réclusion quand il est résulté des voies de fait une incapacité de travail de plus de vingt jours. La difficulté de constater à bord d'un navire, en l'absence d'un chirurgien, la durée véritable de la maladie, et surtout l'incapacité de travail provenant de sévices, m'a déterminé à élever à trente le terme de vingt jours prévu par le Code pénal. J'ai cédé en cela aux vœux unanimes des capitaines et des armateurs.

La désertion blesse à la fois l'ordre public et les intérêts du commerce ; l'ordre public, parce que le marin déserteur se soustrait, pendant toute la durée de son absence illégale, aux obligations que lui impose le régime des classes ; les intérêts des armateurs, par la perturbation qu'elle jette dans les équipages qu'il est souvent très difficile et très onéreux de compléter, lorsque surtout le navire se trouve dans les colonies françaises ou à l'étranger.

La loi du 22 août 1790, en maintenant en vigueur, les dispositions de l'ordonnance du 31 octobre 1784 contre la désertion, a substitué aux campagnes extraordinaires, avec solde réduite, des campagnes à la basse paie, et elle a chargé de prononcer cette peine un conseil composé de fonctionnaires de la marine. Quant à la peine de l'emprisonnement que portait aussi l'ordonnance de 1784, l'application devrait en être faite par les tribunaux ordinaires que la loi du 13 août 1791 a investis de cette attribution, autrefois dévolue aux amirautés. Mais le ministère de la justice a refusé de reconnaître ce droit aux tribunaux de première instance ; d'où il résulte que les marins des navires du commerce, n'ayant à redouter qu'une punition insuffisante, se font un jeu de violer leurs engagements, et cet abus est l'un de ceux dont les armateurs réclament la répression avec le plus d'instance. Les peines prévues par le décret sont graduées suivant la gravité de chaque fait de desertion ; quoique peu sévères, elles suffiront, je pense, pour remédier au mal dans la limite du possible.

La rébellion est prévue par le Code pénal, mais seulement envers les agents de la force publique. Il est rationnel sans doute d'assimiler à ces agents le capitaine d'un navire ; mais, comme en matière pénale tout est de droit étroit, il y avait nécessité d'exprimer formellement cette assimilation.

De même que le Code pénal, le décret distingue la rébellion armée de celle qui ne l'est pas, et punit l'une plus sévèrement que l'autre. La rébellion armée de plus du tiers de l'équipage constitue un crime qui est de la compétence des tribunaux ordinaires.

Les délits commis par les officiers et les capitaines ne doivent pas, je le répète, échapper plus que les autres à une juste punition. Les articles 74 à 87 du décret renferment spécialement à cet égard des dispositions propres à maintenir dans le devoir ceux dont l'exemple exerce naturellement une grande influence sur les hommes qu'ils commandent. L'abus de l'autorité est un élément destructeur de l'ordre et de la discipline : le décret a voulu qu'il ne restât pas impuni.

L'ivrognerie est un vice malheureusement trop commun dans la marine marchande, et surtout parmi les équipages des navires qui fréquentent les climats froids : ce vice prend des proportions très dangereuses quand il se manifeste chez les personnes chargées de la conduite du navire ; des pénalités sévères contribueront à les en préserver.

Les délits contre lesquels le décret ne porte pas une peine déterminée sont punis, au choix du juge, de l'une des pénalités prévues par l'article 55.

La même latitude a été laissée pour les fautes disciplinaires, afin que l'on puisse tenir compte, dans une certaine mesure, des circonstances du délit ou de la faute de discipline, et pour que la pénalité prononcée soit toujours exé-

utable. C'est là encore une nécessité résultant de la spé-
ialité de la matière.

La section 3 prévoit les crimes maritimes dont les capi-
aines, officiers et marins peuvent se rendre coupables, et
que les tribunaux ordinaires sont appelés à juger par con-
inuation.

Les dispositions de la loi du 10 avril 1825, en matière de
baraterie, avaient besoin d'être complétées ; les pénalités
portées par cette loi demandaient à être adoucies ; le décret
y a pourvu.

Le titre IV renferme diverses dispositions qui définissent
l'autorité du capitaine sur les gens de l'équipage et sur les
passagers, lui permettent d'employer la force pour que l'auteur d'un crime soit mis hors d'état de nuire, énoncent
qu'en cas de révolte de l'équipage la résistance du capitaine
sera considérée comme un acte de légitime défense, et fixent
à cinq années les délais de prescription de l'action publique
et de l'action civile pour les délits prévus par le décret.

Telle est, Monseigneur, l'analyse d'un acte qui, j'ose
l'espérer, corrigera les marins sans les frapper de peines
trop sévères ; les contiendra dans les limites d'une juste
subordination, tout en les protégeant contre les abus de
l'arbitraire ; et, en restituant la sécurité à la marine marchande, rendra au pays un immense service.

Je suis, etc.

*Le Ministre secrétaire d'Etat de la marine
et des colonies,*

Théodore DUCOS.

DÉCRET

DISCIPLINAIRE ET PÉNAL

POUR LA

Marine Marchande.

Au nom du Peuple français,

Louis-Napoléon, Président de la République française,

Sur le rapport du ministre secrétaire d'Etat de la marine et des colonies,

Le conseil d'amirauté entendu,

Décrète :

DISPOSITIONS PRÉLIMINAIRES.

Art. 1er. — Les infractions que le présent décret punit de peines disciplinaires sont des fautes de discipline.

Les infractions qu'il punit de peines correctionnelles sont des délits.

Les infractions qu'il punit de peines afflictives ou infamantes sont des crimes.

Art. 2. — Les fautes de discipline et les délits énoncés dans le présent décret seront jugés et punis conformément aux dispositions qu'il renferme.

Seront jugés par les tribunaux ordinaires, et punis conformément aux dispositions du présent décret, les crimes y énoncés.

Seront jugés et punis conformément aux lois ordinaires, les contraventions, délits ou crimes non énoncés dans le présent décret.

Art. 3. — Les dispositions du présent décret sont applicables à tous les navires et bateaux français, appartenant à des particuliers ou à des administrations publiques, qui se livrent à la navigation ou à la pêche dans les limites de l'inscription maritime. Toutefois sont exceptées les embarcations des douanes à manœuvres basses.

Restent soumis aux mêmes dispositions les équipages des navires et bateaux qui ne sortent que momentanément des limites de l'inscription maritime.

Sont, en conséquence, soumises aux règles d'ordre, de service, de discipline et de police établies sur les navires et bateaux marchands, et passibles des peines déterminées par le présent décret, pour les fautes de discipline, les délits et crimes y énoncés, toutes les personnes embarquées, employées ou reçues à bord de ces navires et bateaux, à quelque titre que ce soit, à partir du jour de leur inscription au rôle d'équipage ou de leur embarquement en cours de voyage, jusques et y compris le jour de leur débarquement administratif.

Art. 4. — Les personnes mentionnées dans l'article précédent continueront d'être placées sous le régime qu'il prescrit en cas de perte du navire par naufrage, chance de guerre ou toute autre cause, jusqu'à ce qu'elles aient pu être remises à une autorité française.

Toutefois, cette disposition n'est pas applicable aux passagers autres que les marins naufragés, déserteurs ou délaissés, qui, sur l'ordre d'une autorité française, auront été embarqués pour être rapatriés, à moins que ces passagers ne demandent à suivre la fortune de l'équipage.

TITRE Ier.

DE LA JURIDICTION.

CHAPITRE Ier.

DE LA JURIDICTION EN MATIÈRE DE DISCIPLINE.

ART. 5. — Le droit de connaître des fautes de discipline et de prononcer les peines qu'elles comportent est attribué, sans appel ni recours en révision ou cassation :

1° Aux commissaires de l'inscription maritime ;
2° Aux commandants des bâtiments de l'Etat ;
3° Aux consuls de France ;
4° Aux capitaines de navires du commerce commandant sur les rades étrangères (1) ;
5° Aux capitaines de navires.

ART. 6. — Ce droit s'exerce de la manière suivante :
Lorsque le navire se trouve dans un port ou sur une rade de France, ou dans un port d'une colonie française, le droit de discipline appartient au commissaire de l'inscription maritime à qui la plainte est adressée par le capitaine.

Sur les rades d'une colonie française, le droit de discipline appartient au commandant du bâtiment de l'Etat présent sur les lieux, ou, en l'absence de celui-ci, au commissaire de l'inscription maritime.

Le capitaine du navire adresse sa plainte à l'un ou à l'autre, suivant le cas.

Les gouverneurs des colonies françaises détermineront par un arrêté les limites entre la rade et le port.

Cet arrêté sera soumis à l'approbation du ministre de la marine.

Dans les ports et rades des pays étrangers, le droit de discipline appartient au commandant du bâtiment de l'Etat, ou, à son défaut, au consul de France.

---

(1) Sur les rades françaises et étrangères, le plus ancien des capitaines des navires de commerce réunis au même mouillage peut arborer au mât de misaine une flamme aux couleurs nationales.

Le capitaine adresse sa plainte à l'un ou à l'autre suivant le cas.

En l'absence de bâtiments de l'Etat et à défaut du consul, le droit de discipline appartient au plus ancien capitaine de navire.

Les capitaines au long-cours auront toujours, à cet égard, la priorité sur les maîtres au cabotage.

En mer et dans les lieux où il ne se trouve aucune des autorités mentionnées ci-dessus, le capitaine du navire prononce et fait appliquer les peines de discipline, sauf à en rendre compte dans le premier port où il aborde, soit au commissaire de l'inscription maritime, soit au commandant du bâtiment de l'Etat, soit au consul.

Art. 7. — Dans tous les cas, et en quelque lieu que se trouve le navire, le capitaine, maître ou patron, peut infliger les peines de discipline prévues par l'article 53 du présent décret, sans en référer préalablement à l'une des autorités énoncées en l'article 5, mais à charge par lui de leur en rendre compte dans le plus bref délai possible.

Art. 8. — En cas de conflit sur la compétence en matière de discipline, il sera statué dans les ports et rades de France par le préfet maritime de l'arrondissement, et dans les ports et rades d'une colonie française par le gouverneur.

L'autorité saisie du conflit renverra l'affaire devant le fonctionnaire qui devra en connaître.

CHAPITRE II.

DE LA JURIDICTION EN MATIÈRE DE DÉLITS MARITIMES.

Art. 9. — Il est institué des tribunaux maritimes commerciaux.

Ces tribunaux connaissent des délits maritimes prévus dans le présent décret.

Art. 10. — Lorsque le navire se trouve dans un port ou sur une rade de France, ou dans un port d'une colonie fran-

aise, la connaissance des délits appartient au tribunal ma-
itime commercial présidé par le commissaire de l'inscrip-
ion maritime du lieu.

Sur les rades des colonies françaises, la connaissance des
délits appartient au tribunal maritime commercial présidé
par le commandant du bâtiment de guerre présent sur les
ieux, et, en son absence, au tribunal présidé par le commissaire de l'inscription maritime.

Dans les ports et sur les rades des pays étrangers, la
connaissance des délits appartient au tribunal maritime
commercial présidé par le commandant du bâtiment de
l'Etat présent sur les lieux, et, en son absence, au tribunal
présidé par le consul.

En cas de conflit sur la compétence, il sera statué comme
il est dit à l'article 10.

ART. 11. — La connaissance des délits communs non prévus par le présent décret appartient au tribunal correctionnel de l'arrondissement où se trouve le navire, ou du premier port français où il aborde.

CHAPITRE III.

ORGANISATION DES TRIBUNAUX MARITIMES COMMERCIAUX.

ART. 12. — Sur un bâtiment de l'Etat, le tribunal maritime commercial est composé de cinq membres, savoir :

Le commandant du bâtiment, président ;

L'officier de vaisseau le plus élevé en grade après le
second, ou, à défaut, le second lui-même ....

Le plus âgé des capitaines. Le plus âgé des officiers .... Et le plus âgé des maîtres d'équipage................. } des navires du commerce présents sur les lieux.......... } juges.

Le tribunal ne se réunit qu'avec l'autorisation du commandant de la rade.

ART. 13. — S'il n'y a pas sur les lieux d'autre navire du

commerce que celui à bord duquel se trouve l'inculpé, le tribunal sera composé de la manière suivante, savoir :

Le commandant du bâtiment de l'Etat, président ;

Les deux plus anciens officiers de vaisseau après le commandant. . . . .
Le plus ancien second maître. . . . .
Un officier ou un matelot du navire où le délit a été commis. . . . . } *juges.*

ART. 14. — Dans un port de France ou d'une colonie française le tribunal maritime commercial sera composé de cinq membres, savoir :

Le commissaire de l'inscription maritime, président ;

Un juge du tribunal de commerce, ou, à défaut, le juge de paix. . . . .
Le capitaine, le lieutenant ou le maître de port. . . . .
Le plus âgé des capitaines au long-cours valides présents sur les lieux. . . . . } *juges.*
Le plus âgé des maîtres d'équipage des navires du commerce, ou à défaut, le plus âgé des marins valides présents sur les lieux, et ayant rempli ces fonctions. . .

Le juge du tribunal de commerce sera désigné par le président de ce tribunal.

Dans les colonies où le capitaine sera supérieur en grade au commissaire de l'inscription maritime, ou plus ancien que lui dans le même grade. Ce capitaine sera remplacé par l'agent qui le suivra immédiatement dans l'ordre du service.

Le capitaine au long-cours et le maître d'équipage seront désignés par le commissaire de l'inscription maritime.

Le tribunal ne se réunit qu'avec l'autorisation du chef du service maritime présent sur les lieux.

ART. 15. — Dans un port étranger et en l'absence d'un bâtiment de guerre français, le tribunal maritime commercial sera composé de cinq membres, savoir :

Le consul de France, président ;

Le plus âgé des capitaines au long-cours présents sur les lieux............................

Le plus âgé des officiers des navires du commerce présents sur les lieux........................

Un négociant français désigné par le consul......

Le plus âgé des maîtres d'équipage des navires du commerce présents sur les lieux...................

(juges.)

Art. 16. — Le président désigne le membre du tribunal qui doit remplir les fonctions de rapporteur.

Art. 17. — Les fonctions de greffier sont remplies, sur un bâtiment de l'Etat, par l'officier d'administration.

Dans un port de France, ou d'une colonie française, par le commis, ou à défaut, par l'écrivain de marine le plus ancien ;

Dans un port étranger, par le chancelier, ou, à défaut, par un employé du consulat.

Art. 18. — Ne peuvent faire partie d'un tribunal maritime commercial :

1° Le capitaine qui a porté la plainte ;

2° Toute autre personne embarquée sur le navire, si elle est offensée, lésée ou partie plaignante.

Art. 19. — Le président du tribunal maritime commercial devra être âgé de vingt-cinq ans, et les autres membres de vingt-et-un ans au moins.

Art. 20.—Les parents ou alliés jusqu'aux degrés d'oncle et de neveu inclusivement, ne peuvent être membres du même tribunal maritime commercial.

Art. 21. — La parenté, aux degrés fixés par l'article précédent, de l'un des membres du tribunal avec le prévenu ou l'un des prévenus, est une cause de récusation.

CHAPITRE IV.

DE LA JURIDICTION EN MATIÈRE DE CRIMES MARITIMES.

Art. 22. — Les tribunaux ordinaires connaissent des crimes maritimes prévus par le présent décret.

TITRE II.

DE LA FORME DE PROCÉDER.

CHAPITRE Ier.

DE LA FORME DE PROCÉDER EN MATIÈRE DE FAUTES DE DISCIPLINE.

ART. 23. — Le capitaine tiendra un livre spécial, dit *livre de punition*, sur lequel toute faute de discipline sera mentionnée par lui ou par l'officier de quart.

L'autorité qni aura statué inscrira sa décision en marge.

Le capitaine annotera de la même manière, sur le livre de punition, toutes les peines de discipline inflIgées pendant le cours du voyage.

Le livre de punition sera coté et paraphé par le commissaire de l'inscription maritime du port d'armement du navire. Il sera remis au commissaire de l'inscription maritime du port où le navire sera désarmé administrativement.

Le livre de punition sera présenté au visa du commissaire de l'inscription maritime ou du consul, suivant le cas, lorsqu'une faute de discipline aura été commise dans l'intervalle compris entre le dernier départ et l'arrivée ou la relâche.

CHAPITRE II.

DE LA FORME DE PROCÉDER EN MATIÈRE DE DÉLITS MARITIMES.

ART. 24. — Aussitôt qu'un délit a été commis à bord, le rapport en est fait au capitaine par le second ou l'officier de quart.

Si le délit a été commis hors du bord, le second en fait le rapport au capitaine.

Si le délit a été commis en présence du capitaine et en l'absence du second et de l'officier de quart, ou s'il parvient à la connaissance du capitaine sans qu'il lui ait été signalé par un rapport de l'un de ces deux officiers, il constate lui-même ce délit.

Les circonstances du délit sont toujours mentionnées sur le livre de punition.

Art. 25. — Le capitaine, assisté, sil y a lieu, de l'officier qui a fait le rapport et qui remplit les fonctions de greffier, procède ensuite à une instruction sommaire, reçoit la déposition des témoins à charge ou à décharge, et dresse procès-verbal du tout.

Le procès-verbal est signé des témoins, du capitaine et de l'officier faisant fonction de greffier.

Mention de ce procès-verbal est faite sur le livre de punition.

Art. 26. — Si les faits se sont passés dans un port ou sur une rade de France, ou dans un port d'une colonie française, le capitaine adresse sa plainte et les pièces du procès au commissaire de l'inscription maritime, dans les trois jours qui suivent celui où le délit a été constaté ; s'ils se sont passés sur la rade d'une colonie française, il l'adresse dans le même délai au commandant du bâtiment de l'Etat présent sur les lieux, ou, en l'absence de celui-ci, au commissaire de l'inscription maritime ; s'ils se sont passés à l'étranger, il l'adresse au commandant du bâtiment de l'Etat présent sur les lieux, ou, à défaut, au consul de France. Si le délit a été commis, soit en mer, soit dans une localité étrangère où il n'y ait ni bâtiment de l'Etat, ni consul de France, le capitaine remet sa plainte dans le premier port où il aborde, soit au commissaire de l'inscription maritime, soit au commandant du bâtiment de l'Etat, soit au consul, suivant qu'il y a lieu, en se conformant aux dispositions du présent article.

Lorsque les faits rentrent dans la catégorie des délits communs non prévus par le présent décret, et sont en conséquence réservés aux tribunaux ordinaires, le commissaire de l'inscription maritime ou le commandant du bâtiment de l'Etat, qui a reçu la plainte, la transmet au procureur de la République du lieu.

Art. 27. — Lorsque le prévenu d'un des délits énoncés dans le présent décret sera le capitaine du navire, les poursuites auront lieu, soit sur la plainte des officiers et marins de l'équipage ou des passagers, soit d'office.

Dans le premier cas la plainte sera portée dans les délais prescrits par l'article 26 au commissaire de l'inscription maritime, au commandant du bâtiment de l'Etat ou au consul, suivant les circonstances prévues par cet article.

Art. 28. — L'autorité saisie de la plainte nomme le tribunal maritime commercial qui doit en connaître, désigne le rapporteur, qu'elle charge de prendre immédiatement les informations nécessaires, et convoque le tribunal dès que l'affaire est suffisamment instruite.

Art. 29. — Les séances des tribunaux maritimes commerciaux sont publiques. Leur police appartient au président.

A terre, le tribunal s'assemble, soit au bureau de l'inscription maritime, soit au bureau de la chancellerie, suivant qu'il y a lieu.

A bord, le tribunal se réunit dans le local affecté aux séances du conseil de guerre.

Art. 30. — A l'ouverture de la séance, le président fait déposer sur le bureau un exemplaire du présent décret.

Il dit, ensuite, à haute voix, aux membres du tribunal, qui sont, comme lui, debout et découverts :

« Nous jurons devant Dieu de remplir nos fonctions au tribunal commercial avec impartialité. »

Chaque membre répond : « Je le jure. »
Mention de cette formalité est faite au procès-verbal.

Art. 31. — Le président fait donner lecture, par le rapporteur, de la plainte et des différentes pièces de la procédure, tant à charge qu'à décharge.

L'accusé est ensuite introduit devant le tribunal ; il y comparaît libre, et assisté, s'il désire, d'un défenseur à son choix.

Art. 32. — Le président fait connaître à l'accusé, après constatation de son identité, le délit pour lequel il est traduit devant le tribunal.

Il l'avertit, ainsi que son défenseur, qu'il lui est permis de dire tout ce qu'il jugera utile à sa défense, sans s'écarter des bornes toutefois de la décence et de la modération, ou du respect dû au principe d'autorité.

Art. 33. — Le président est investi d'un pouvoir discrétionnaire pour la direction des débats et la découverte de la vérité.

L'accusé peut faire appeler toutes les personnes qu'il désire faire entendre. Toutefois, le retard d'un témoin ne peut arrêter les débats.

Art. 34. — Le président interroge l'accusé et reçoit les dépositions des témoins.

Ne peuvent être reçues les dépositions des ascendants et descendants, des frères ou sœurs ou des alliés au même degré, du conjoint de l'accusé ou de l'un des accusés du même fait.

Chacun des membres du tribunal est autorisé à poser des questions à l'accusé comme aux témoins, après en avoir fait la demande au président.

L'accusé présente sa défense, soit par lui-même, soit par l'organe de son défenseur.

Le président, après avoir demandé à l'accusé s'il n'a rien à ajouter dans l'intérêt de sa défense, résume les faits sans exprimer son opinion personnelle.

Art. 35. — Après la clôture des débats, le président fait retirer l'accusé, ainsi que l'auditoire, pour délibérer.

Les membres du tribunal opinent dans l'ordre inverse des classifications mentionnées aux articles 12, 13, 14 et 15. Le président émet son opinion le dernier..

Art. 36. — Toutes les questions de culpabilité posées par le président sont résolues à la majorité des voix.

Si l'accusé est déclaré coupable, le tribunal délibère sur l'application de la peine.

Art. 37. — Le tribunal, si le fait lui paraît rentrer dans la catégorie des fautes de discipline, peut prononcer seulement une des peines prévues par l'article 52 du présent décret.

Art. 38. — Si le tribunal reconnaît que le fait est de la compétence des tribunaux ordinaires, il déclare et motive son incompétence.

Dans ce cas, on applique les dispositious du chapitre II du présent livre.

La déclaration du tribunal est jointe au dossier de l'affaire.

Art. 39. — Le jugement est rédigé en trois expéditions dont une servant de minute, par le greffier, et signée par le président et par les membres du tribunal.

Il mentionne l'observation des dispositions prescrites par les articles 12 à 21 et par les articles 30, 31, 32 et 36 du présent décret.

Il indique, s'il y a lieu, les quartier et numéro d'inscription de l'accusé.

Art. 40. — Le président écrit au bas du jugement « soit exécuté selon sa forme et teneur », et il prend les mesures nécessaires pour en assurer l'exécution.

Art. 41. — Lorsque le jugement est rendu en France et emporte la peine d'emprisonnement, le coupable est remis sans délai, par le président du tribunal, avec une expédition du jugement, à la disposition du procureur de la République du lieu, qui fait exécuter la sentence.

La peine d'emprisonnement prononcée hors de France est toujours subie dans la métropole lorsque la durée de cette peine excède trois mois. Dans ce cas, le coupable est renvoyé le plus promptement possible et remis, à son arrivée dans un port français, au procureur de la République du lieu, par l'autorité maritime locale.

Lorsque la peine d'emprisonnement prononcée hors de France n'excède pas trois mois, le coupable peut la subir, soit en France, soit dans la colonie française, soit dans le pays étranger où le jugement a été rendu.

Art. 42. — Les peines prononcées hors de France contre les capitaines de navires ne seront subies par eux qu'à leur retour dans la métropole.

Les jugemens portant ces pénalités seront inscrits, à cet effet, sur le livre de punition par le président du tribunal

maritime commercial qui aura rendu la sentence. Mention
en sera faite en outre sur le rôle d'équipage du navire.

Art. 43. — Le paiement des amendes prononcées en
vertu du présent décret est poursuivi, dans les formes ordinaires, par le receveur des domaines du lieu où désarme le
navire à bord duquel le coupable est embarqué, ou du lieu
d'inscription du délinquant.

Cette poursuite est faite à la requête de l'autorité maritime
locale.

Si le coupable est débarqué en cours de voyage, le paiement des amendes est poursuivi par le receveur des domaines du lieu où le débarquement s'opère.

Si le débarquement s'effectue à l'étranger, le consul est
chargé de poursuivre le paiement des amendes.

Les poursuites peuvent avoir lieu, dans tous les cas, par
voie administrative, à la diligence des commissaires de
l'inscription maritime ou des consuls.

Art. 44. — Une expédition du jugement est adressée au
ministre de la marine.

Art. 45. — Les jugements des tribunaux maritimes commerciaux ne sont sujets à aucun recours en révision ni en
cassation.

Toutefois, le ministre de la marine pourra, dans les cas
prévus par l'article 441 du Code d'instruction criminelle,
transmettre au ministre de la justice, pour être déférés à la
Cour de cassation, dans l'intérêt de la loi, les jugements des
tribunaux maritimes commerciaux qui seraient susceptibles
d'être annulés pour violation des articles 12 à 20, 29, 30,
31 et 35 du présent décret.

Art. 46. — La procédure devant les tribunaux maritimes
commerciaux ne donne lieu à la perception d'aucuns frais
ni d'aucune taxe quelconques.

Art. 47. — Le greffier mentionne au bas du jugement si
la sentence a ou non reçu son exécution. Le capitaine fait
transcrire le jugement sur le livre de punition, auquel il
reste annexé pour être remis au commissaire de l'inscrip-

tion maritime du port de désarmement. La transcription
ainsi faite est certifiée par le greffier.

Art. 48. — Le capitaine, maître ou patron qui aura né-
gligé de se conformer aux prescriptions des chapitres I et
II du titre II sera puni d'une amende de 25 à 300 francs.

CHAPITRE III.

DE LA FORME DE PROCÉDER EN MATIÈRE DE CRIMES MARITIMES

Art. 49. — Aussitôt qu'un crime a été commis à bord
d'un navire, le capitaine, maître ou patron se conforme,
pour constater les faits et pour procéder à l'instruction, aux
articles 24 et 25 ci-dessus.

Il saisit en outre les pièces de conviction et fait arrêter
le prévenu.

Art. 50. — Immédiatement après son arrivée dans un
port ou sur une rade de France ou d'une colonie française,
le capitaine, maître ou patron, remet le prévenu et les pièces
du procès au commissaire de l'inscription maritime du lieu.

Ce fonctionnaire complète au besoin l'instruction, transmet les pièces dans les vingt-quatre heures au procureur de
la République de l'arrondissement, et pourvoit au transport
du prévenu devant l'autorité judiciaire.

Art. 51. — Si le navire aborde un port étranger, le capitaine, maître ou patron, remplit envers le consul français
les dispositions prescrites par le premier paragraphe de
l'article précédent.

Le consul complète, au besoin, l'instruction dans le plus
bref délai possible, et, s'il le juge nécessaire, fait débarquer
le prévenu pour l'envoyer au port d'armement avec les
pièces du procès.

A défaut de consul, le capitaine, maître ou patron, agit
de la même manière à l'égard du commandant du bâtiment
de l'Etat présent sur les lieux. Celui-ci procède comme l'eût
fait le consul.

TITRE III

DE LA PÉNALITÉ.

CHAPITRE Ier.

DES PEINES.

ART. 52. — Les peines applicables aux fautes de discipline sont :

POUR LES HOMMES DE L'ÉQUIPAGE.

1° La consigne à bord pendant huit jours au plus ;

2° Le retranchement de ration de la boisson fermentée pour trois jours au plus ;

3° La vigie sur les barres de perroquet, dans la hune, sur une vergue, ou au bossoir pendant une demi-heure au moins et quatre heures au plus ;

4° La retenue de un à trente jours de solde, si l'équipage est engagé au mois, ou de 2 à 50 francs, s'il est engagé à la part ;

5° La prison pendant huit jours au plus ;

6° L'amarrage à un bas mât sur le pont, dans l'entrepont ou dans la cale, pendant un jour au moins et trois jours au plus, à raison d'une heure au moins et de quatre heures au plus par jour ;

7° La boucle aux pieds pendant cinq jours au plus ;

8° Le cachot pendant cinq jours au plus ;

La boucle et le cachot peuvent être accompagnés du retranchement de la ration de boisson fermentée, ou même de la mise au pain et à l'eau.

S'il s'agit d'un homme dangereux ou en prévention de crime, la peine de la boucle ou du cachot peut être prolongée aussi longtemps que la nécessité l'exige ; mais, dans ce cas, il n'y a lieu qu'au retranchement de boisson fermentée.

POUR LES OFFICIERS.

1° La retenue de dix à quarante jours de solde, s'ils son[t]
engagés au mois, ou de 20 à 150 francs, s'ils sont engagé[s]
à la part ;

2° Les arrêts simples pendant quinze jours au plus ave[c]
continuation de service ;

3° Les arrêts forcés dans la chambre pendant dix jour[s]
au plus ;

4° La suspension temporaire des fonctions, avec exclusion de la table du capitaine et suppression de solde.

5° La déchéance de l'emploi d'officier, avec obligation d[e]
faire le service de matelot à la paie de ce grade jusqu'[à]
l'époque du débarquement.

POUR LES PASSAGERS DE CHAMBRE.

1° L'exclusion de la table du capitaine ;
2° Les arrêts dans la chambre.

POUR LES PASSAGERS D'ENTREPONT.

La privation de monter sur la pont pendant plus d[e]
deux heures chaque jour.

Ces peines ne pourront être appliquées pendant plus d[e]
huit jours consécutifs.

ART. 53. — Les peines que peut infliger le capitaine,
maître ou pâtron, aux termes de l'article 7 du présent décret, sont :

1° La consigne pendant huit jours ;

2° Le retranchement de boisson fermentée pour troi[s]
repas ;

3° La vigie pour une heure ou la boucle pour un jour.

ART. 54. — Les officiers et les passagers de chambre ou
d'entrepont qui, condamnés à une peine disciplinaire, re-
fuseront de s'y soumettre, pourront être mis aux arrêts forcés pendant dix jours au plus.

Ces peines pourront être prolongées autant que la néces-
cité l'exigera, s'il s'agit d'un homme dangereux ou en prévention de crime.

Art. 55. — Les peines correctionnelles applicables aux délits sont :

1° L'amende de 16 à 300 francs ;

2° La boucle pendant vingt jours au plus, avec ou sans retenue d'une partie de solde qui ne pourra en excéder la moitié ;

3° L'embarquement sur un bâtiment de l'Etat, à moitié solde de leur grade pour les officiers mariniers, ou à deux tiers de solde pour les quartiers-maîtres ou les matelots.

La durée de cet embarquement correctionnel ne comptera ni pour l'avancement ni pour les examens de capitaine de commerce.

4° La perte ou la suspension de la faculté de commander ;

5° L'emprisonnement pendant six jours au moins et cinq ans au plus.

Art. 56. — Les peines en matière criminelle sont les mêmes que celles qui sont énoncées dans les lois ordinaires sauf les cas prévus par le présent décret.

Art. 57. — Sont compris sous la dénomination d'officiers :
Le capitaine, maître ou patron ;
Le second ;
Le lieutenant.
Le subrécargue et le chirurgien sont assimilés aux officiers pour l'application des peines seulement.

CHAPITRE II.

DES INFRACTIONS ET DE LEUR PUNITION.

SECTION Ire.

Des fautes de discipline.

Art. 58. — Sont considérés comme fautes de discipline :
1° La désobéissance simple ;
2° La négligence à prendre son poste, ou à s'acquitter d'un travail relatif au service du bord ;

3° Le manque au quart, ou le défaut de vigilance penda[n]
le quart ;

4° L'ivresse sans désordre ;

5° Les querelles ou disputes, sans voie de fait, entre l[es]
hommes de l'équipage ou les passagers ;

6° L'absence du bord sans permission, quand elle n'excè[de]
pas trois jours ;

7° Le séjour illégal à terre, moins de trois jours apr[ès]
l'expiration d'un congé ;

8° Le manque de respect aux supérieurs ;

9° Le fait d'avoir allumé une première fois des feux sa[ns]
permission, ou d'avoir circulé dans des lieux où cela est i[n]
terdit à bord, avec des feux, une pipe ou un cigarre allu[m]
més ;

10° Le fait de s'être endormi une première fois, étant
la barre, en vigie ou au bossoir ;

11° Enfin, et généralement, tous les faits de négligen[ce]
ou de paresse qui ne constituent qu'une faute légère ou u[n]
simple manquement à l'ordre ou au service du navire o[u]
aux obligations stipulées dans l'acte d'engagement.

Ces fautes seront punies de l'une des peines spécifiées
l'article 52, au choix des autorités désignées par l'article
du présent décret.

Seront également considérées comme fautes de disciplin[e]
les infractions au décret du 9 janvier 1852 et des réglemen[ts]
sur la pêche côtière, qu'en raison de leur peu de gravité l[es]
commissaires de l'inscription maritime ne croiront pas de
voir déférer aux poursuites du ministère public.

Ces officiers d'administration prononceront, dans ce cas
contre les délinquants, un emprisonnement ou une interdic
tion de pêche d'un à cinq jours.

ART. 59. — Les marins qui, pendant la durée de la pein[e]
de la prison, de la boucle ou du cachot, prononcée en ma
tière de discipline, sont remplacés dans le service à bord d[u]
navire auquel ils appartiennent, supportent, au moyen d'un[e]
retenue sur leurs gages, les frais de ce remplacement.

SECTION II.

Des délits maritimes.

Art. 60. — **Les délits maritimes sont :**

1° Les fautes de discipline réitérées ;

2° La désobéissance, accompagnée d'un refus formel l'obéir ;

3° La désobéissance avec injures ou menaces ;

4° Les rixes ou voies de fait entre les hommes de l'équipage, lorsqu'elles ne donnent pas lieu à une maladie ou à une incapacité de travail de plus de trente jours ;

5° L'ivresse avec désordre ;

6° L'emploi, sans autorisation, d'une embarcation du navire ;

7° La dégradation d'objets à l'usage du bord.

8° L'altération des vivres ou marchandises par le mélange le substances non malfaisantes ;

9° Le détournement ou le gaspillage des vivres ou des liquides à l'usage du bord.

10° L'embarquement clandestin d'armes à feu, d'armes blanches, de poudre à tirer, de matières inflammables ou de liqueurs spiritueuses.

Ces objets seront saisis par le capitaine et, suivant qu'il y aura lieu d'après leur nature comme d'après les circonstances, détruits ou séquestrés dans sa chambre, pour être, dans ce dernier cas, confisqués au profit de la caisse des invalides de la marine, à l'expiration du voyage.

11° Le vol commis par un officier marinier, un matelot, un novice ou un mousse, quand la valeur de l'objet n'excède pas 10 francs et qu'il n'y a pas eu effraction ;

12° La désertion ;

13° Les voies de fait contre un supérieur, lorsqu'elles ne donnent pas lieu à une maladie ou à une incapacité de travail de plus de trente jours ;

14° La rébellion envers le capitaine ou l'officier comman
dant le quart, lorsqu'elle a lieu en réunion d'un nombr
quelconque de personnes, sans excéder le tiers des homme
de l'équipage, y compris les officiers.

Ces délits seront punis des peines énoncées dans l'articl
53, au choix du juge, excepté dans les cas prévus par le
articles suivants :

ART. 61. — Tout marin coupable d'outrages par paroles
gestes ou menaces envers son capitaine ou un officier d
bord, sera puni d'un emprisonnement de six jours à un an
auquel il pourra être joint une amende de 16 à 100 francs.

ART. 62. — Tout officier coupable du même délit enver
son supérieur sera puni d'un emprisonnement d'un mois
deux ans et d'une amende de 50 à 300 francs.

ART. 63. — Toute personne coupable de voies de fai
envers le capitaine ou un officier du bord sera punie d'u
emprisonnement de trois mois à trois ans.

Une amende de 25 à 500 francs sera en outre prononcée

Si les voies de fait ont déterminé une maladie ou une in
capacité de travail de plus de trente jours, les coupable
seront punis conformément à l'article 309 du Code pé
nal (1).

ART. 64. — Tout marin qui aura formellement refus
d'obéir aux ordres du capitaine ou d'un officier du bor
pour assurer la manœuvre sera puni de six jours à six moi
de prison.

Une amende de 16 à 100 francs pourra être jointe à cett
peine.

Toute personne qui aura formellement refusé d'obéir au
ordres donnés pour le salut du navire ou de la cargaison, o
pour le maintien de l'ordre, sera punie d'un emprisonne-

---

(1) Art. 309. — Sera puni de la réclusion, tout individu qui, volontairement,
aura fait des blessures ou porté des coups, s'il est résulté de ces sortes de vio-
lences une maladie ou incapacité de travail personnel pendant plus de ving
jours. Si les coups portés ou les blessures faites volontairement, mais sans intention de donner la mort, l'ont pourtant occasionnée, le coupable sera puni
de la peine des travaux forcés à temps.

nent de trois mois à cinq ans. Une amende de 100 francs
à 300 francs pourra, en outre, être prononcée.

Art. 65. — Les gens de mer qui, dans un port de
France, s'absentent sans permission pendant trois fois
vingt-quatre heures de leur navire ou du poste où ils ont
été placés, ou laissent partir le navire sans se rendre à bord
après avoir contracté un engagement, sont réputés déserteurs et punis de six jours de prison.

Cette peine sera de quinze jours à deux mois pour les
novices et les mousses.

Les officiers mariniers et les matelots sont, en outre, levés pour le service de l'Etat et embarqués pour une campagne extraordinaire de six mois à un an, comme il est dit
à l'article 55.

Toutefois, le capitaine, maître ou patron du navire sur
lequel le déserteur était embarqué pourra obtenir sa réin-
tégration à bord, en cas d'arrestation opérée avant le départ
du navire ; mais alors ses gages seront réduits de moitié à
partir du jour de la désertion jusqu'à l'expiration de l'engagement.

Art. 66. — Sont également réputés déserteurs, punis
d'un mois de prison et condamnés à faire une campagne
d'un à deux ans sur un bâtiment de l'Etat, comme il est dit
à l'article 55, les officiers mariniers et matelots qui, sur une
rade étrangère ou dans un port étranger, s'absentent sans
permission, pendant deux fois vingt-quatre heures, de leur
navire ou du poste auquel ils ont été placés.

Les novices et les mousses seront condamnés à un emprisonnement d'un à trois mois.

Si le déserteur est arrêté et remis au capitaine, il achève
le voyage à demi-gages ; mais il n'en est pas moins passible
des peines portées ci-dessus.

Art. 67. — Tout inscrit maritime trouvé sur un navire
appartenant à une puissance étrangère, s'il ne peut présen-
ter une permission en règle d'une autorité française ou
prouver que son embarquement est résulté d'un cas de force
majeure, sera puni conformément aux dispositions de l'article précédent.

Les gens de mer coupables de désertion dans les colonies françaises seront punis des mêmes peines.

Art. 68. — Sont aussi réputés déserteurs, punis de deux à six mois de prison, et tenus de faire une campagne de trois ans sur un bâtiment de l'Etat, comme il est dit à l'article 55, les officiers mariniers et matelots de la marine marchande trouvés à bord d'un navire de commerce naviguant sous pavillon d'une puissance en guerre avec la France.

Dans ce cas, les novices et les mousses seront condamnés à six mois de prison.

Art. 69. — Tout déserteur perd de droit la solde par lui acquise sur le bâtiment auquel il appartenait au jour du délit. La moitié de cette solde retourne à l'armement ; l'autre moitié est versée à la caisse des invalides de la marine.

Si le déserteur est redevable envers l'armement à l'époque de sa désertion, il sera pourvu à l'acquittement de cette dette par voie de retenues sur sa solde au service de l'Etat.

Art. 70. — Les gens de mer complices de la désertion sont punis des mêmes peines que le déserteur.

Les autres personnes également complices sont punies d'une amende de 16 à 500 francs et d'un emprisonnement de dix jours à trois mois.

Art. 71. — Les gens de mer qui, à l'insu du capitaine, maître ou patron, embarquent ou débarquent des objets dont la saisie constitue l'armement en frais et dommages, sont punis de un mois à un an de prison, indépendamment de l'amende par eux encourue à raison de la saisie et sans préjudice de l'indemnité due à l'armement pour les frais que la saisie a pu lui occasionner.

Art. 72. — Tout officier qui hors le cas de nécessité absolue, maltraite ou frappe un marin ou un passager, est puni d'un emprisonnement de six jours à trois mois.

La peine pourra être doublée s'il s'agit d'un novice ou d'un mousse ; si les voies de fait ont occasionné une maladie ou une incapacité de travail de plus de trente jours, le coupable sera puni conformément à l'article 309 du Code pénal (1).

Art. 73. — Tout officier qui s'enivre habituellent, ou pendant qu'il est de quart, est puni de quinze jours à un mois de prison et d'une amende de 50 à 300 francs.

Art. 74. — Tout capitaine, maître, patron ou officier qui, volontairement, détruit, dégrade ou vend un objet utile à la navigation, à la manœuvre ou à la sûreté dn navire, est puni de quinze jours à trois mois de prison.

Art. 75. — Est puni de la même peine tout capitaine, maître, patron ou officier qui, hors le cas de force majeure a volontairement altéré les vivres, boissons et autres objets de consommation destinés aux passages et à l'équipage, lorsqu'il n'y a pas eu mélange de substances malfaisantes.

Une amende de 16 à 300 francs pourra, en outre, être prononcée.

Art. 76. — Tout capitaine, maître ou patron qui, hors le cas de force majeure, prive l'équipage de l'intégralité de la ration stipulée avant le départ, ou, à un défaut de convention, de la ration équivalente a celle que reçoivent les marins de la flotte, est tenu de payer, à titre de dommages-intérêts, 50 centimes par jour pendant la durée du retranchement à chaque personne composant l'équipage, et peut, en outre, être puni de 50 à 500 francs d'amende.

Les cas de force majeure sont constatés par procès-verbaux signés du capitaine, maître ou patron et des principaux de l'équipage, et alors même il est dû à chaque homme une indemnité représentative du retranchement auquel il a été soumis.

Art. 77. — Est puni de trois mois de prison tout capitaine, maître ou patron qui, en faisant ou autorisant la contrebande, donne lieu à une amende de moins de 1,000 francs à la charge de l'armement.

La peine de la prison sera de trois mois à un an, indé-

___

(1) Voir ledit article au renvoi, page 38,

pendamment de la suspension du commandement pendant deux ans au moins et trois ans au plus, sans préjudice de l'action civile réservée à l'armateur, si la contrebande donne lieu soit à la confiscation du navire ou de tout ou partie de la cargaison, soit à une amende de plus de 1,000 francs.

Art. 78. — Tout capitaine, maître ou patron qui s'enivre pendant qu'il est chargé de la conduite du navire, est puni d'un emprisonnement de quinze jours à un an. Il peut, en outre, être interdit de tout commandement pendant un intervalle de six mois à deux ans.

En cas de récidive, l'interdiction de commander peut être définitive.

Art. 79. — Tout capitaine, maître ou patron qui se permet ou tolère à son bord des abus de pouvoir, ou qui, hors le cas de nécessité absolue, exerce des voies de fait envers son inférieur ou un passager, est puni de six jours à trois mois de prison.

Le coupable peut, en outre, être privé de commander pendant six mois au moins et deux ans au plus.

La peine pourra être doublée s'il s'agit d'un novice ou d'un mousse.

Si les voies de fait ont entraîné une maladie ou une incapacité de travail de plus de trente jours, le coupable sera puni conformément à l'article 309 du Code pénal (1).

Art. 80. — Tout capitaine qui, en présence d'un péril quelconque, abandonne son navire à la mer, hors le cas de force majeure dûment constaté par les officiers et principaux de l'équipage, ou qui, ayant pris leur avis, néglige de sauver l'argent ou les marchandises précieuses avant d'abandonner le navire, est puni d'un emprisonnement d'un mois à un an (2).

---

(1) Voir ledit article au renvoi, page 38.

(2) Art. 241. — Le capitaine ne peut abandonner son navire pendant le voyage pour quelque danger que ce soit, sans l'avis des officiers et principaux de l'équipage ; et, en ce cas, il est tenu de sauver avec lui l'argent, et ce qu'il pourra des marchandises les plus précieuses de son chargement, sous peine d'en répondre en son propre nom. — Si les objets, ainsi tirés du navire, sont perdus par quelque cas fortuit, le capitaine en demeurera déchargé.

La même peine peut être prononcée contre le capitaine, maître ou patron qui, forcé d'abandonner son navire, ne reste pas à bord le dernier.

Dans l'un et l'autre cas, l'interdiction de commandement, peut, en outre, être prononcée pour un à cinq ans.

Art. 81. — Tout capitaine, maitre ou patron qui, hors le cas d'un danger quelconque, rompt son engagement et abandonne son navire avant d'avoir été dûment remplacé, est puni : si le navire se trouvait en sûreté dans un port, d'un emprisonnement de six mois à deux ans ; si le navire était en rade foraine, la peine d'emprisonnement sera d'un an au moins et de trois au plus.

Dans l'un et l'autre cas, le coupable peut, en outre, être privé de commander pendant un an au moins et trois ans au plus.

Art. 82. — Tout capitaine ou maître qui favorise, par son consentement, l'usurpation de l'exercice du commandement à son bord, en ce qui touche la manœuvre et la direction nautique du navire, et consent ainsi à n'être que porteur d'expéditions, est puni d'un emprisonnement de quinze jours à trois mois, et de l'interdiction de commandement pendant un an au moins et deux ans au plus.

En cas de récidive, l'interdiction de commandement peut être définitive.

La même peine d'emprisonnement sera prononcée contre toute personne qui aura indûment pris le commandement du navire. Le coupable sera, de plus, passible d'une amende de 100 à 500 francs.

Art. 83. — Est puni d'une amende de 25 à 300 francs tout capitaine, maître ou patron qui ne se conforme point aux mesures prescrites par les articles 224, 225, 226 et 227 du Code de commerce (1).

---

(1) Art. 224. — Le capitaine tient un registre coté et paraphé par l'un des juges du tribunal de commerce, ou par le maire ou son adjoint, dans les lieux où il n'y a pas de tribunal de commerce. — Ce registre contient : Les résolutions prises pendant le voyage ; — La recette et la dépense concernant le navire, et généralement tout ce qui concerne le fait de sa charge, et tout ce qui peut donner lieu à un compte à rendre, à une demande à former.

Art. 225. — Le capitaine est tenu, avant de prendre charge, de faire visiter

La même peine peut être appliquée au capitaine, maître ou patron qui, hors le cas d'impossibilité absolue, vingt-quatre heures après son arrivée dans un port français, dans une colonie française ou dans un port étranger où réside un consul de France, ne dépose pas son rôle d'équipage, soit au bureau de la marine, soit à la chancellerie du consulat.

Art. 84. — Est puni d'une amende de 25 francs à 100 francs, à laquelle il peut être joint un emprisonnement de six jours à un mois :

Tout capitatne, maître ou patron qui, à moins de légitimes motifs d'empêchement, s'abstient, à son arrivée sur une rade étrangère ou à son départ, de se rendre à bord du batiment de guerre français commandant la rade ;

Tout capitaine, maître ou patron qui, sans empêchement légitime, ne se conforme pas aux règles établies pour la police de la rade, après qu'il lui en a été donné connaissance.

Art. 85. — Est puni d'une amende de 50 à 300 francs, à laquelle peut être ajouté un emprisonnement de dix jours à six mois :

Tout capitaine, maître ou patron qui refuse d'obéir aux ordres relatifs à la police de la navigation, émanant des autorités militaires de la marine, des commisssaires de l'inscription maritime, des consuls, des syndics et autres agens maritimes, ou qui outragent ces officiers, fonctionnaires et agens, par paroles, gestes ou menaces dans l'exercice de leurs fonctions et à l'occasion de cet exercice.

Art. 86. — Tout capitaine, maître, patron ou officier qui refuse ou néglige de remplir les formalités prescrites aux

---

son navire, aux termes et dans les formes prescrites par les réglements. — Le procès-verbal de visite est déposé au greffe du tribunal de commerce; il en est délivré extrait au capitaine.

Art. 226. — Le capitaine est tenu d'avoir à son bord: L'acte de propriété du navire ; — L'acte de francisation ; — Le rôle d'équipage ; — Les connaissements et chartes-parties ; — Les procès-verbaux de visite ; — Les acquits de paiement ou à caution des douanes.

Art. 227. — Le capitaine est tenu d'être en personne dans son navire, à l'entrée et à la sortie des ports, hâvres ou rivières.

titres 1ᵉʳ et 2ᵐᵉ du présent décret est puni d'une amende de 50 à 500 francs.

Il pourra, en outre, être prononcé un emprisonnement de six jours à un an.

Art. 87. — Indépendamment des cas de suspension ou de retrait de la faculté de commander, prévus par le présent décret, le ministre de la marine peut, par continuation, infliger cette même peine, lorsqu'il le juge nécessaire, après une enquête contradictoire dans laquelle le capitaine est entendu.

Art. 88. — Toutes les sommes provenant des amendes et des réductions de solde ou de rations prononcées aux termes du présent décret, seront versées dans la caisse des invalides de la marine.

Le prix de la ration retranchée sera déterminé par le commissaire de l'inscription maritime du port de désarmement.

SECTION III.

Des crimes.

Art. 89. — Tout individu inscrit sur le rôle d'équipage qui, volontairement, et dans une intention criminelle, échoue, perd ou détruit, par quelque moyen que ce soit, autre que celui du feu ou d'une mine, le navire sur lequel il est embarqué, est puni de dix à vingt ans de travaux forcés.

Si le coupable était à quelque titre que ce soit, chargé de la conduite du navire, il lui sera appliqué le maximum de la peine.

S'il y a eu homicide ou blessures par le fait de l'échouement, de la perte ou de la destruction du navire, le coupable sera, dans le premier cas, puni de mort, et, dans le second, puni des travaux forcés à temps.

Art. 90. — Tout capitaine, maître ou patron qui, dans une intention frauduleuse, détourne à son profit le navire dont la conduite lui est confiée, est puni de vingt ans de travaux forcés, sans préjudice de l'action civile réservée à l'armateur.

Art. 91. — Est puni des travaux forcés à temps tout capitaine, maître ou patron qui, volontairement, et dans une intention criminelle, fait fausse route, ou jette à la mer ou détruit sans nécessité tout ou partie du chargement, des vivres ou des effets du bord.

Art. 92. — Est puni de la réclusion tout capitaine, maître ou patron qui, dans une intention frauduleuse, se rend coupable de l'un des faits énoncés à l'article 236 du Code de commerce, ou vend, hors le cas prévu par l'article 237 du même Code, le navire dont il a le commandement, ou opère des déchargements en contravention à l'article 248 dudit Code (1).

Art. 93. — Les vols commis à bord de tout navire par les capitaines, officiers, subrécargues ou passagers sont punis de la réclusion.

La même peine est prononcée contre les officiers mariniers, marins, novices et mousses, quand la valeur de l'objet volé excède 10 francs ou quand le vol a été commis avec effraction.

Art. 94. — Sont punies de la même peine, toutes personnes embarquées, à quelque titre que ce soit, qui altèrent volontairement les vivres, boissons ou autres objets de consommation, par le mélange de substances malfaisantes.

Art. 95. — Tout acte de rébellion commis par plus du tiers de l'équipage est puni de la réclusion.

---

(1) Art. 236. — Le capitaine qui aura, sans nécessité, pris de l'argent sur le corps, avitaillement ou équipement du navire, engagé ou vendu des marchandises ou des victuailles, ou qui aura employé dans ses comptes, des avaries et des dépenses supposées, sera responsable envers l'armement, et personnellement tenu du remboursement de l'argent ou du paiement des objets, sans préjudice de la poursuite criminelle, s'il y a lieu.

Art. 237. — Hors les cas d'innavigabilité légalement constatée, le capitaine ne peut, à peine de nullité de la vente, vendre le navire sans un pouvoir spécial des propriétaires.

Art. 248. — Hors les cas de péril imminent, le capitaine ne peut décharger aucune marchandise avant d'avoir fait son rapport, à peine de poursuites extraordinaires contre lui.

Si les rebelles étaient armés, la peine des travaux forcés à temps sera prononcée.

Les rebelles sont réputés armés s'il se trouve parmi eux un ou plusieurs hommes porteurs d'une arme ostensible.

Les couteaux de poche entre les mains des rebelles sont réputés armes par le fait seul du port ostensible.

Art. 96.— Tout complot ou attentat contre la sûreté, la liberté ou l'autorité du capitaine, maître ou patron, est puni de la réclusion.

La peine des travaux forcés à temps sera prononcée contre tout officier impliqué dans le complot ou l'attentat.

On entend par complot la résolution d'agir concertée et arrêtée entre deux personnes au moins embarquées à bord d'un navire.

TITRE IV.

DISPOSITIONS DIVERSES.

Art. 97. — Le capitaine, maître ou patron a, sur les gens de l'équipage et sur les passagers, l'autorité que comportent la sûreté du navire, le soin des marchandises et le succès de l'expédition.

Art. 98. — Le capitaine, maître ou patron est autorisé à employer la force pour mettre l'auteur d'un crime hors d'état de nuire, mais il n'a pas juridiction sur le criminel, et il doit procéder à son égard suivant les prescriptions des articles 49, 50 et 51 ci-dessus.

Les marins de l'équipage sont tenus de prêter main-forte au capitaine pour assurer l'arrestation de tout prévenu, sous peine d'un mois à un an de prison, indépendamment d'une retenue de solde d'un à trois mois.

Art. 99. — En cas de mutinerie ou de révolte, la résistance du capitaine et des personnes qui lui restent fidèles est considérée comme un acte de légitime défense.

Art. 100. — Dans les cas prévus par le présent décret l'action publique et l'action civile se prescrivent après cinq années révolues, à compter du jour où le délit a été commis.

La prescription pour les crimes reste soumise aux règles en droit commun.

ART. 101. — Sont et demeurent abrogées toutes dispositions contraires à celles du présent décret.

ART. 102. — Le ministre secrétaire d'Etat de la marine et des colonies et le garde-des-sceaux, ministre secrétaire d'Etat de la justice, sont chargés, chacun en ce qui le concerne, de l'exécution du présent décret.

Fait au palais des Tuileries, le 24 mars 1852.

LOUIS-NAPOLÉON.

Le ministre secrétaire d'Etat de la marine et des colonies,

THÉODORE DUCOS.

EXTRAIT

DU

DECRET SUR LE SERVICE

A bord des Bâtiments de l'Etat.

Louis-Napoléon,

Président de la République française,

Vu la loi du 22 août 1790 ;

Vu le décret du 16 nivôse an 2 (5 janvier 1794) ;

Vu la loi du 13 brumaire an 5 (3 novembre 1796) ;

Vu l'arrêté des 5 germinal et 1er floréal an 12 (26 mars et 21 avril 1804) ;

Vu le décret impérial du 22 juillet 1806 ;

Vu l'ordonnance du 22 mai 1816 ;

Vu le décret impérial du 16 février 1807 ;

Vu la loi du 12 octobre 1791 ;

Vu le décret impérial du 12 novembre 1806 ;

Vu le décret du 12 mars 1848 ;

Considérant que des difficultés se produisent fréquemment pour la composition des conseils de justice et des conseils de guerre à bord des bâtiments de la flotte ;

Considérant qu'il y a lieu, notamment, d'assurer sur ces

bâtiments, en cours de campagne, la répression des faits de désertion ;

Considérant que les peines corporelles de trois sortes et d'une application distincte ont été remplacées par une seule et même peine, et qu'il importe de rétablir, sous ce rapport, une utile graduation en les remplaçant par une pénalité mieux appropriée aux nécessités de la discipline et du service à bord que celle résultant du décret ci-dessus visé du 12 mars 1848 ;

Considérant que divers arrêtés, en enlevant aux tribunaux maritimes une partie essentielle de leur compétence, ont porté une grave atteinte à la répression des délits et des crimes commis dans les arsenaux maritimes et qu'il est urgent d'y remédier ;

Considérant, enfin, que la force de la marine dépend essentiellement de la discipline, de la bonne administration de la justice et de l'action énergique du commandement ;

Sur le rapport du ministre secrétaire d'Etat de la marine et des colonies ;

Le conseil d'amirauté entendu,

Décrète :

ART. 1ᵉʳ — Dans le cas où, sur un bâtiment naviguant isolément, il ne se trouvera pas le nombre d'officiers suffisant pour composer le conseil de justice selon les prescriptions de l'art. 23 du décret du 22 juillet 1806, il y sera suppléé en appelant à faire partie dudit conseil un ou deux officiers mariniers.

ART. 2. — En cas d'insuffisance du nombre d'officiers supérieurs exigé par l'art. 39 du décret précité pour la formation du *conseil de guerre*, il y sera suppléé en appelant 1° des officiers supérieurs des troupes de la marine présents sur les lieux, soit à terre, soit à bord ; 2° des lieutenants de vaisseau nommés parmi les plus anciens officiers de ce grade.

Toutefois, la présidence du conseil ne pourra être dévolue qu'à un officier général de la marine ou à un capitaine de vaisseau, et trois juges, au moins, devront être officiers supérieurs.

Le rapporteur et quatre juges, au moins, devront toujours appartenir au corps des officiers de vaisseau.

Art. 3. — *Les conseils de guerre permanents* établis dans les colonies connaîtront du délit de désertion imputé à des marins *embarqués*, et, dans ce cas, la composition desdits conseils sera modifiée, ainsi qu'il est prescrit par l'art. 5 de l'ordonnonce du 22 mai 1816, pour les conseils de guerre permanents des ports.

Il sera formé sur les escadres ou divisions navales, lorsque la composition du personnel le permettra, des *conseils de guerre permanents* et *un conseil de révision* pour connaître des faits de désertion, quand ils ne pourront être jugés à terre. Ces conseils seront composés comme il est prescrit par l'ordonnance précitée du 22 mai 1816, ou, à défaut, d'un nombre suffisant d'officiers des grades déterminés par le décret impérial du 16 février 1807.

Aux termes de l'article 7 de l'ordonnance de 1816, les conseils de guerre permanents, appelés à connaître du délit de désertion imputé à des marins *embarqués*, se conformeront, soit à terre, soit à bord, pour la procédure comme pour la pénalité, aux dispositions de l'arrêté des 5 germinal et 1ᵉʳ floréal an 12.

Art. 4. — La compétence des tribunaux maritimes établis par le décret impérial du 12 novembre 1806 est désormais fixée telle qu'elle a été réglée par le titre II dudit décret, ainsi conçu :

» 10.—Ces tribunaux connaîtront de tous les délits commis dans les ports et arsenaux, qui seront relatifs soit à leur police ou sûreté, soit au service maritime.

« 11. — Ils connaîtront de ces délits à l'égard de tous ceux qui en seraient auteurs, fauteurs ou complices, encore qu'ils ne fussent pas gens de guerre ou attachés au service de la marine.

« 12.— Les équipages des bâtiments en armement seront de même soumis à leur juridiction pour les délits relatifs au service maritime commis jusqu'au moment de la mise en rade, et, au désarmement, depuis la rentrée dans le port jusqu'au licenciement de l'équipage.

« 13. — Dans les cas où les délits commis dans les ports et arsenaux ne seront relatifs ni à la police, ni à la sûreté desdits ports et arsenaux, ni au service maritime, les prévenus seront renvoyés devant les tribunaux qui en doivent connaître. »

Art. 5. — La police et la discipline des bâtiments de l'Etat appartiennent aux commandants de ces bâtiments, sous l'autorité du commandant supérieur.

Les peines de discipline applicables par les officiers commandants, sont :

Le retranchement de vin ou eau-de-vie pendant huit jours au plus ;

Le piquet pendant huit jours au plus, et, chaque jour, pendant deux heures au plus ;

L'escouade de punition pendant huit jours au plus, avec amarrage facultatif dans les haubans ou échelles de revers, de deux à quatre heures par jour ;

La consigne à bord, sans qu'elle puisse excéder dix tours de permission ;

La suppression, pendant trois mois au plus, des suppléments de solde attribués à certaines fonctions, sans que ladite suppression dispense nécessairement l'homme de remplir ces mêmes fonctions.

La prison ou la boucle simple pendant dix jours au plus, avec ou sans service et avec ou sans vin ou eau-de-vie ;

Le cachot au pain et à l'eau pendant quatre jours au plus.

Les peines correctionnelles applicables par les conseils de justice, en remplacement des peines corporelles abolies par le decret du 12 mars 1848, sont :

1° En remplacement des coups de corde au cabestan,

Dix jours de cachot ou de double boucle, au pain et à l'eau ;

2° En remplacement de la cale,

L'inaptitude à l'avancement pendant un an, avec retenue de trois mois à six mois, du tiers de la solde intégrale pour les officiers-mariniers et quartiers-maîtres, et du quart pour les autres personnes de l'équipage, et vingt jours de cachot

u de double boucle, au pain et à l'eau, de deux jours l'un,
endant toute la durée de la punition ;
3° En remplacement de la bouline,
L'inaptitude à l'avancement pendant un an, avec retenue,
e six mois à un an, du tiers de la solde intégrale pour les
fficiers-mariniers et quartiers-maîtres, et du quart pour les
utres personnes de l'équipage, et trente jours de cachot
u de double boucle, au pain et à l'eau, comme il est dit au
aragraphe précédent.
Le temps passé au cachot par suite de jugement ne sera
as compté dans la durée du service obligé.

Art. 6. — En appliquant une des peines ci-dessus, le
onseil de justice pourra prononcer, en outre, contre le
oupable, une ou plusieurs réductions de grade ou de
asse, jusqu'au dernier grade ou jusqu'à la dernière classe
es marins.

Art. 7. — La peine du carcan, applicable en vertu de
article 3, titre III de la loi du 12 octobre 1791, est rem-
lacée par un emprisonnement de six mois à deux ans,
ans préjudice des peines accessoires mentionnées audit
rticle.

Art. 8. — Sont et demeurent abrogées toutes dispositions
ontraires au présent décret.

Art. 9. — Notre ministre secrétaire d'Etat de la marine
t des colonies est chargé de l'exécution du présent décret,
ui sera inséré au *Bulletin des Lois* et au *Bulletin officiel
e la Marine.*

Fait au palais des Tuileries, le 26 mars 1852.

LOUIS-NAPOLÉON.

Par le Prince-Président de la République :

*Le ministre secrétaire d'Etat de la
marine et des colonies,*

THÉODORE DUCOS.